PANÉGYRIQUE

DE

S[T] VINCENT DE PAUL

PRONONCÉ

DANS L'ÉGLISE DES RR. PP. LAZARISTES, A PARIS

PAR

MONSEIGNEUR GERMAIN

ÉVÊQUE DE COUTANCES ET AVRANCHES

LE DIMANCHE 27 AVRIL 1879

EN LA

FÊTE DE LA TRANSLATION DES RELIQUES DU SAINT

COUTANCES

IMPRIMERIE DE SALETTES, LIBRAIRE-EDITEUR

1879

PANÉGYRIQUE

DE

S^T VINCENT DE PAUL

PRONONCÉ

DANS L'ÉGLISE DES RR. PP. LAZARISTES, A PARIS

PAR

MONSEIGNEUR GERMAIN

ÉVÊQUE DE COUTANCES ET AVRANCHES

LE DIMANCHE 27 AVRIL 1879

EN LA

FÊTE DE LA TRANSLATION DES RELIQUES DU SAINT

COUTANCES

IMPRIMERIE DE SALETTES, LIBRAIRE-EDITEUR

PANÉGYRIQUE DE St VINCENT DE PAUL

PRONONCÉ

DANS L'ÉGLISE DES RR. PP. LAZARISTES, A PARIS

PAR

MONSEIGNEUR GERMAIN

ÉVÊQUE DE COUTANCES ET AVRANCHES

Le Dimanche 27 Avril 1879,

EN LA FÊTE DE LA TRANSLATION DES RELIQUES DU SAINT.

Providentes bona non tantum coram Deo, sed etiam coram omnibus hominibus.

Soyez les ministres du bien non pas seulement devant Dieu, mais aussi devant tous les hommes.

Ep. aux Rom. C. XII, ℣ 17.

Nos Très-Chers Frères,

L'avénement du christianisme dans le monde a été le signal de la plus vaste, de la plus complète, de la plus profonde transformation que les siècles aient vu s'accomplir.

Le christianisme, en effet, c'est Dieu qui descend du ciel sur une terre refroidie par l'égoïsme et l'infidélité. C'est Dieu qui fait retentir aux oreilles du monde une parole jusqu'alors inouïe. *Deus caritas est*[1]. C'est Dieu qui confirme cette parole par les actes ; car il porte l'amour jusqu'à se sacrifier, jusqu'à mourir pour nous.

Il y a plus : ne voulant pas à sa mort laisser les hommes orphelins, il les confie à ses Apôtres ; il fait descendre en eux l'Esprit-Saint qui répand la charité dans leurs cœurs ; et les langues ardentes, le souffle véhément de la Pentecôte sont comme l'étincelle et le souffle qui allument cet incendie dont Jésus-Christ voulait embraser le monde entier.

Les Apôtres partent, en effet. Dans l'oubli total de leur personnalité, ils s'en vont pour aimer. Comme témoignage de leur amour, ils prodiguent leur parole, ils prodiguent leurs veilles, leurs sueurs et leur sang. Mais l'immensité de leur zèle ne suffisant pas à l'immensité de la tâche, ils s'adjoignent des diacres, que dis-je ? ils s'adjoignent des femmes de dévouement destinées à partager, à étendre leur ministère. Bientôt la multitude des fidèles ne fait plus qu'un cœur et qu'une âme : le monde est converti, converti par l'attrait invincible et par la divine séduction de la charité.

Cette histoire de la charité dans les premiers siècles du christianisme, c'est l'histoire de saint Vincent de Paul dans les siècles modernes.

A l'exemple de l'Homme-Dieu, dont il est le parfait imita-

(1) I Ep. S. Jean, IV; 16.

teur, il s'élance comme un géant pour courir sa voie. Il s'associe des hommes à l'esprit éminemment apostolique, des chrétiennes qui marchent admirablement sur les traces des femmes de l'Evangile, et il renouvelle jusque dans nos jours les miracles de la primitive Eglise, travaillant non pas seulement à la gloire de Dieu, mais au soulagement de toutes les misères humaines. *Providentes bona non tantum coram Deo, sed etiam coram omnibus hominibus.*

C'est sous ce double rapport que je voudrais l'étudier avec vous en cette grande solennité. Pour vous faire apprécier, comme il convient, la mission religieuse et sociale de saint Vincent de Paul, je voudrais vous montrer en lui, selon la parole de mon texte, *l'homme de Dieu* d'abord et ensuite *l'homme de la Société.*

Implorons avant tout les lumières de l'Esprit-Saint par l'entremise de la Mère du bel amour. *Ave Maria.*

I.

Depuis l'origine des siècles jusqu'à nos jours, nous pouvons constater et admirer trois grandes manifestations de Dieu dans l'histoire. Dieu se manifeste d'abord au premier homme et aux anciens patriarches, par une providence toute paternelle. Il emprunte plus tard la voix de Moïse et des prophètes pour révéler d'une façon plus complète et plus claire la vérité religieuse. Il apparaît enfin, en des jours plus rapprochés, dans la personne de son divin Fils.

Eh bien ! Vincent de Paul est comme le résumé de ces trois grandes manifestations. Nous pouvons saluer en lui l'homme de Dieu, parce qu'il est 1° le vengeur de sa Providence ; 2° le prédicateur de sa vérité ; 3° l'image saisissante et la copie parfaite de son divin Fils.

1° *Vengeur de sa Providence*. Au milieu des harmonies de la création, pendant que l'univers entier, comme un sublime chant d'amour, proclame la gloire et la bonté de son Auteur, je ne sais quel cri de détresse, parti des régions inférieures, s'élève farouche, menaçant comme la plainte du désespoir, et proteste avec une effrayante énergie contre Dieu et sa Providence. Souverain des mondes, s'écrient ces malheureux qui font au Ciel un crime de l'inégalité des conditions humaines, as-tu donc voulu mettre sur la terre deux races ennemies, l'une destinée à servir, l'autre à commander, l'une créée pour la jouissance et le bonheur, l'autre pour la souffrance et la privation ?

En vain répondons-nous à ces égarés que cette inégalité des conditions humaines est un fait universel, une loi qui régit tous les ordres : loi de la nature physique où le lys de la vallée nous apparaît plus richement orné que l'herbe des champs, où le lion qui rugit au désert se dresse plus fier, plus majestueux que l'insecte foulé aux pieds; — loi de la nature morale où l'intelligence brille tantôt d'un éclat si vif et tantôt d'une lueur si faible et si terne; où la volonté se révèle ici molle et apathique, là pleine d'énergie et d'audace.

En vain prouverons-nous jusqu'à l'évidence que cette inégalité, si révoltante en apparence, est une nécessité des relations sociales et que sans elle la société serait comme fatalement destinée à la mort.

Pourquoi, répondent-ils obstinément, pourquoi des riches et pourquoi des pauvres ?

Avouons-le, N. T. C. F., il y a là sans contredit un de ces problèmes devant lesquels la raison humaine hésite et se confond. — Comment le résoudre jamais? Le paganisme n'avait qu'une solution, mais une solution qui nous fait frémir et nous révolte : l'esclavage. Devant ce problème, le cœur du bon roi, le cœur de Henri IV se sentait impuissant et le génie de Richelieu lui-même reculait épouvanté.

Que fera de nos jours la science politique? Abandonner le pauvre? La nature et l'humanité s'y refusent. — Mais comment le secourir? Aux dépens de l'Etat? L'Etat n'y suffira point; l'Etat s'y ruinera en un jour; et le lendemain, même faim pour le pauvre, mêmes exigences de cette faim, même péril pour l'Etat. — Aux dépens du riche? Cette spoliation ne sera non plus qu'une ressource d'un jour, spoliation d'ailleurs injuste et sanglante. Le lendemain, ce sera non pas seulement la faim, ce sera l'indigence universelle et la ruine de tout. — Non, la fortune du riche, les ressources de l'Etat, quand elles sont livrées à la pauvreté sans conscience et sans Dieu, ne sauraient suffire. Et pourquoi? Parce que cette pauvreté est travaillée par des appétits insatiables, par des convoitises brutales et sans remords, par une faim furieuse, aveugle, sans frein, sans mesure et qui ne cherche pas dans le travail son remède et son rassasiement.

Quoi donc! Les plaintes du paupérisme contre la Providence seraient-elles fondées? Non, Mes Frères. Voici l'économie sociale de l'Evangile, la solution du problème; voici le salut. Cette économie divine, saint Paul l'expose en une phrase: *Egenus factus est cum esset dives, ut ejus inopia divites essemus* (1). L'humanité est une grande famille. Tous les hommes créés de Dieu sont frères. Parmi ces frères, il en est qui sont dans la détresse. Mais notre Frère aîné, Jésus-Christ, est riche, riche de la richesse même de Dieu. Il a vu le monde dans les ténèbres; il y fait descendre sa lumière. Il a vu le monde dans la honte et l'ignominie; il y fait descendre sa gloire. Il a vu le

(1) II Cor., VIII; 9.

monde dans la misère; il y fait descendre sa richesse. Mais en même temps, ou plutôt avant tout, il donne aux hommes l'exemple du travail. La charité, non pas une charité quelconque, mais la charité chrétienne, c'est-à-dire celle qui, en prescrivant l'aumône aux riches, prescrit aux pauvres la résignation dans la souffrance, la modération dans les appétits et fait à tous du travail une impérieuse obligation : voilà la solution du terrible problème, la justification de la Providence attaquée [1].

Oui, la Providence fut divinement vengée quand Jésus-Christ inclina le ciel sur la terre pour enrichir notre pauvreté

(1) Proudhon lui-même l'a reconnu : « Voilà, dit-il, voilà la vérité, ô prêtres, qu'il serait digne de vous d'annoncer dans toutes vos églises; voilà, de nos jours, le commentaire le plus éloquent que vous puissiez faire de l'Evangile; voilà les vérités qui, publiées par vous, et entrant dans la foi des peuples, en même temps qu'elles sont démontrées par la science, termineraient pacifiquement la crise présente en faisant de vous les chefs naturels du progrès.

« Et en même temps que vous adresseriez aux riches l'exhortation évangélique commentée par la science évidente, nous, les tribuns du peuple, nous lui dirions :

« Que la cause de ses souffrances, c'est l'immoralité universelle, et que la » première chose à faire pour détruire le paupérisme et assurer le travail, » est de revenir à la sagesse. Nous démontrerions à ce peuple, par des chiffres » qu'il comprendrait, que, dans les conditions les plus favorables, en supposant réunies toutes les influences heureuses du ciel, de la terre, de l'ordre » et de la liberté, il ne peut espérer une somme de richesse matérielle qui » égale la moyenne de un franc cinquante centimes par tête et par jour, pour » une population de trente-six millions d'âmes répandue sur un territoire de » vingt-sept mille lieues carrées;

» Qu'ainsi, la plus grande partie de sa félicité doit être cherchée au for » intérieur, dans les joies de la conscience et de l'esprit.

» Et après l'avoir ainsi disposé à la modération, nous lui ferions comprendre qu'aucun homme, aucune classe de la société ne pouvant être » accusée du mal collectif, toute pensée de représailles doit être abandonnée » et qu'après nous être si longtemps écartés de la justice, notre devoir est de » revenir à l'équilibre par une marche graduelle qui ne soulève pas de colères et ne fasse ni coupables ni victimes.

» Vous chargez-vous, ô prêtres, tandis que nous prêcherions ainsi le prolétaire, de prêcher de votre côté les puissants et les riches! Ce jour-là serait un grand jour, et la paix serait bientôt faite. »

de ses trésors infinis. Elle fut de même éloquemment vengée quand Vincent de Paul, pour soulager toutes les misères, opéra ses nombreux et incroyables miracles.

C'est à Châtillon que pour la première fois il réunit quelques femmes charitables dont la mission sera de visiter les pauvres malades et de leur prodiguer toutes les ressources d'un cœur aimant et chrétien. L'étincelle devient bientôt une flamme envahissante; partout où passe Vincent de Paul il allume cet immense et dévorant incendie qui embrase Paris d'abord, puis la France, puis le monde entier.

Vincent venait d'instituer les Confréries de charité. Ce n'est pas assez pour son cœur. Ce grand et incomparable cœur porte plus haut ses ambitions : il veut plus que des Sœurs, il veut des Filles de la Charité. L'affection de la fille, en effet, est plus vive, plus tendre, plus pénétrante que celle de la sœur. Il crée donc cette sublime, cette divine institution des Filles de la Charité. Quel titre que celui-là, N. T. C. F.! Filles de la Charité, qu'est-ce à dire, sinon la plus suave, la plus lumineuse, la plus chaude émanation du cœur de Dieu? Filles de la Charité, qu'est-ce à dire, sinon les filles mêmes de Dieu, puisque Dieu est charité? Ah! maintenant, n'accusez plus la Providence. Elle vient de se susciter à elle-même un vengeur tel qu'il n'y en a pas, j'ose le dire, après Notre-Seigneur Jésus-Christ, un vengeur qui, par ses travaux incessants, par ses continuelles privations, par son inépuisable charité, soulagera toutes les misères et adoucira toutes les amertumes. Ecoutez plutôt.

Malades, ne murmurez plus! Vincent de Paul a fondé pour vous l'Œuvre des Pauvres malades. Grâce à cette œuvre, c'est-à-dire grâce à ces femmes généreuses, l'élite de Paris et de la France, des milliers de malheureux sont, chaque année, assistés et visités dans les hôpitaux de la grande cité. — Pauvres, ne murmurez plus ! Vincent de Paul a fondé pour vous l'hospice du saint Nom de Jésus qui bientôt, par la royale munificence de la Régente, se développera plus au large dans les bâtiments de la Salpêtrière. — Forçats, ne murmurez plus ! Vincent de Paul a fondé jusqu'à douze hospices, pour vous recevoir et vous soulager dans vos infirmités. — Pauvres chrétiens qui gémissez dans les fers de la barbarie musulmane, ne murmurez plus ! Par les soins de Vincent de Paul, un hôpital vous est ouvert à Alger. Là, du moins, quand ils ne pourront vous arracher à la cupidité de vos tyrans, ses missionnaires vous prodigueront l'inestimable bienfait de leur cœur affectueux et de leurs consolantes paroles. — Orphelines, ne murmurez plus, ne tremblez plus pour votre vertu ! Vincent de Paul a fondé pour vous la communauté de la Providence. — Et vous, créatures infortunées que la misère a conduites au crime et au déshonneur, ne murmurez plus ! repentez-vous seulement ! Vincent de Paul vous offre un refuge à jamais précieux, la Madeleine du Temple. — Êtres abrutis par la maladie ou dégradés par le vice, tristes victimes de la folie, qui ne savez même plus répondre au bienfait par le sourire de la reconnaissance, vous n'échapperez pas à la charité de Vincent de Paul ! Il fera de sa maison de Saint-Lazare un asile pour les aliénés. — Vieillards, ne murmurez plus ! Pour réchauffer et réjouir votre vieillesse, Vincent de Paul établit l'Hospice des Vieillards incurables. — Et vous enfin, pauvres enfants que des parents dénaturés abandonnent sur la voie publique, ne poussez plus vos plaintes et vos gémissements ! Le cœur de Vincent de Paul ne vous délaissera pas ; il saura trouver dans son inexprimable tendresse des accents émus, pathétiques, irrésistibles, pour vous susciter des mères adoptives. Il instituera, pour abriter votre faiblesse, l'hospice des Enfants-

Trouvés. — Provinces désolées par ces horribles fléaux qui se nomment la guerre et la famine, enfants de la Lorraine, de l'Artois, de la Picardie, de la Champagne, peuple de Paris, de la Touraine, du Berry, que dis-je? nations éloignées par l'espace, mais si rapprochées par le cœur et par la foi, ô Irlande, ô Pologne, et vous aussi, habitants de la Syrie et de l'Afrique, rassurez-vous! Non, vous ne périrez pas! Qu'on n'objecte point à Vincent de Paul que parmi vous il y a des étrangers! Il répondra par cette déclaration sublime : « Le malheur a pour patrie le monde entier, et tous les cœurs généreux pour concitoyens. » Qu'on n'objecte pas l'étendue, l'immensité des besoins! Vincent de Paul saura multiplier les ressources et, par le génie d'une charité surhumaine, il méritera ce titre que lui décerne la reconnaissance publique, ce titre qui prouve si bien notre affirmation, « d'Intendant général des affaires de Dieu! » Intendant général des affaires de Dieu! Oui, voilà le mot qui convient pour ce cœur si bien fait à l'image de Dieu, pour ce cœur qui embrasse, comme celui de Dieu même, dans son immensité, toutes les misères humaines, qui subvient aux nécessités de tous les âges, de toutes les conditions, de tous les sexes, et cela non pas seulement à Paris, mais en France, mais en Europe, mais en Asie, en Afrique, mais partout où il découvre la souffrance.

Et maintenant, ô déshérités de la fortune et de la jouissance, avez-vous compris? Ah! si vous voulez être justes, bénissez votre Père des cieux dans cet homme qu'il suscite pour le représenter auprès de vous et qu'on a si justement appelé le « Père des Pauvres. » Bénissez votre Père des cieux dont la douce et bienfaisante image rayonne à vos regards sous les traits si paternels du Prêtre de la Mission, dans la personne à la fois si humble et si grande de la Fille de Charité. Au lieu de murmurer, glorifiez le Dieu qui constitue pour vous de tels bienfaiteurs. Oui, paix et confiance à vous, pauvres et infortunés de tout genre ! Il y a là haut une Providence qui veille, la Providence qui a créé Vincent de Paul et son admirable famille. *Pax fratribus... cum fide* [1]. *Tua, Pater, providentia gubernat* [2].

Et vous, riches qui m'entendez, faites-vous semblables à Vincent de Paul. Faites-vous, comme l'a dit un de nos grands Evêques, semblables à ces fontaines que nous admirons sur nos places publiques. Le premier jet s'élève pour retomber dans le bassin supérieur. A son tour celui-ci déverse son abondance dans les bassins inférieurs et bientôt la fontaine est remplie à tous ses degrés. De même par la charité versez votre superflu dans le sein de vos inférieurs. Tous, qui que vous soyez, faites-vous fontaine à tous les degrés. Il n'y a pas de si petit vase qui ne trouve à ses côtés un vase plus petit que soi. Le chêne protége l'arbrisseau ; mais à son tour l'arbrisseau conserve la fleur qui se cache sous ses feuilles. C'est alors que le redoutable problème disparaît, que l'équilibre est rétabli, que la Providence est partout bénie et glorifiée. *Providentes bona.*

Mais qui donc a plaidé la cause de Dieu et vengé sa Providence avec cette éloquence irrésistible? La charité. Attendez un instant et vous verrez que la charité n'est pas seulement l'avocat de la Providence ; elle est de plus le prédicateur de la foi. C'est la seconde merveille qu'elle accomplit par saint Vincent de Paul, dont elle fait, à ce point de vue comme au premier, l'homme de Dieu.

(1) Éph. VI ; 23.
(2) Sag., XIV ; 3.

2° *Prédicateur de la vérité.* Que le monde serait ténébreux et désolé, si la foi n'y jetait ses clartés, comme un phare lumineux sur une mer qu'obscurcit la nuit de la tempête! Comme la vie de l'homme serait lamentable ici-bas, si la foi ne venait lui apprendre son origine, ses devoirs, ses destinées immortelles!

Mais cette foi, lumière de l'intelligence et viande des esprits, comme l'a dit Malebranche, qu'est-elle devenue de nos jours? Qu'ils sont rares ceux qui ont le privilége de la posséder! De nos jours, hélas! la vérité s'en va diminuant de plus en plus parmi les enfants des hommes; la fille du Ciel est repoussée comme une étrangère, que dis-je? attaquée comme une ennemie. Le sensualisme éteint partout la flamme de la foi; l'athéisme est partout; le matérialisme est partout. Comment ranimer cette foi mourante ou ressusciter cette foi morte? La Providence ne parle plus aujourd'hui avec cette voix solennelle des miracles qu'elle faisait jadis retentir. Le soleil est immobile dans les hauteurs du firmament; les morts dorment leur sommeil dans le sépulcre; et quand toutes ces merveilles éclateraient ensemble, pourraient-elles secouer et réveiller ce sommeil léthargique dont semblent dormir les âmes à notre époque? On l'a dit avec raison : l'âme d'un peuple qui a vieilli est muette à tous les spectacles, à toutes les émotions; elle a trop vu, trop entendu, trop abusé. L'erreur et la vérité lui semblent revêtues des mêmes formes et impossibles à discerner désormais. Ce qui réveillerait une nation jeune et vierge, ce qui l'exalterait d'amour et d'enthousiasme, tombe sur elle comme une eau froide sur un marbre inerte et glacé. Enveloppée dans son indifférence, elle a perdu jusqu'à la pensée de se demander : qu'est-ce que la vérité?

Je le sais bien, dans nos sociétés contemporaines, une des grandes forces capables de remuer le monde, c'est la parole, la parole qui captive, qui émeut, qui charme, qui éclaire et qui convertit. Mais, comme l'a dit saint Paul, *fides ex auditu*[1], la parole ne saurait profiter qu'à qui veut bien l'entendre. Et aujourd'hui combien sont-ils ceux qui prêtent l'oreille à la parole du prêtre? Que d'indifférence, que de défiance, pour ne pas dire, de haine et de mépris, chez le peuple, dans la multitude, par rapport à la parole du prêtre ! Est-ce qu'aujourd'hui même, dans cette capitale et dans la France entière, il n'existe pas une classe nombreuse qui demeure aussi étrangère à la parole de Dieu que les nations les plus éloignées et les plus sauvages?

Comment donc atteindre cette classe? Comment? Par la charité ! C'est par le cœur qu'on peut éclairer les esprits. Le cœur, voilà le vrai filet propre à les retirer de cette mer vaste et profonde qui se nomme l'erreur. Le pauvre, en effet, pourrait-il résister à la vérité, quand c'est la charité qui la prêche? La charité n'est-elle pas, pour ainsi parler, le cœur même de la vérité ? Et le cœur, n'est-ce pas la force par excellence, la puissance qui émeut, qui convertit? Tandis que la parole doit préparer les voies, suivre les détours du raisonnement, faire en quelque sorte le siége des esprits pour s'en emparer, il semble que la charité ait des intelligences et des complices dans la place ; elle n'a qu'à frapper et on lui ouvre, qu'à parler et on lui répond, qu'à paraître et elle emporte cette place, elle s'y établit en souveraine. C'est que la charité va droit au cœur ; et le cœur une fois ému, l'intelligence croit, la volonté s'incline, l'âme est convertie !

(1) Rom., X; 17.

Ainsi l'avait compris Vincent de Paul. « Il faut, disait-il, parler aux pauvres de leur salut avec une parole ardente et qui parte du cœur. » Ce fut là sa parole, la parole du cœur et de la charité. Aussi qui pourrait dire ses conquêtes, compter les âmes qu'il a ramenées à la vérité, gagnées à Jésus-Christ?

Demandez-le au renégat dont il est l'esclave et qu'il rend à la foi de ses pères. Demandez-le à la maison de Gondi où il sanctifie, éclaire et console. — Demandez-le aux paroisses où s'exerce son zèle. — Demandez-le aux galères, à ces lieux de blasphème et de désespoir où il se présente avant tout comme consolateur, mais ensuite comme prédicateur dont l'éloquence irrésistible change les ténèbres en lumière, la fureur en résignation, le désespoir en espérance pleine d'immortalité, la corruption en conscience, en dignité, en vertu. — Demandez-le à l'iniquité que sa charité séduit et amène tout en larmes aux pieds du prêtre qui absout. — Demandez-le aux villageois si nombreux qu'il convertit dans ses laborieuses missions. — Demandez-le à ce protestant qui, pour ne pas rentrer dans le bercail, objecte qu'il ne croit pas à l'action du Saint-Esprit dans l'Eglise, parce que le délaissement spirituel des catholiques, au sein des campagnes, lui paraît trop lamentable. Un an plus tard, ému par la charité que Vincent déploie à l'égard des paysans de la Picardie, il vient le trouver et lui dit : « Maintenant je vois que le Saint-Esprit conduit l'Eglise Romaine puisqu'on y prend un tel soin de l'instruction et du salut des pauvres villageois; je suis prêt d'y entrer, quand il vous plaira de m'y recevoir. » — Demandez-le aux malades gagnés à Dieu dans les hôpitaux, aux malheureuses provinces où son dévouement fait tant de conquêtes!

Demandez-le aux sueurs de ses missionnaires. L'Evêque de

Genève, successeur de saint François de Sales, vous répondra par ce passage d'une lettre qu'il adresse à M. Vincent : « Plût au bon Dieu que vous pussiez voir le centre de mon cœur ! Car, véritablement, je vous aime et honore de toute l'étendue de mon affection, et je me confesse le plus obligé de tous les hommes du monde à votre charité, pour les grands bienfaits et les fruits que MM. les Missionnaires, vos chers enfants, font en notre diocèse, qui sont tels que je ne puis les exprimer ; et ils ne sont pas croyables sinon à celui qui les voit. » — Demandez-le au dévouement des Filles de la Charité qui, dès les premiers mois, convertit à la vraie foi plus de sept cents disciples de Luther et de Mahomet.

Ne le demandez pas seulement au passé ; demandez-le au siècle dernier et au siècle présent. Comptez, comptez, si vous le pouvez, les gerbes apportées au grenier du Père céleste par la double famille de Vincent de Paul. Comptez-les dans tous les hospices, dans tous les réduits, dans les villes et dans les campagnes, pendant la paix et pendant la guerre ; comptez-les sur toutes les plages que ses disciples ont visitées, sous tous les cieux où ils ont évangélisé par leur parole et par leurs exemples !

Oui, certes, il y eut dans le siècle de Vincent de Paul de puissants défenseurs de la vérité, d'admirables apologistes, des orateurs éloquents. Il y eut des cygnes ; il y eut des aigles ! Eh bien ! lequel, parmi eux, peut être comparé avec saint Vincent de Paul pour le nombre des conversions ? C'est que, si le monde admire le talent et l'érudition, s'il applaudit au génie, il s'incline surtout devant le dévouement, il répond par un *Credo* universel aux bienfaits de la charité !

Fils de saint Vincent de Paul, saluez comme nous et avec

nous, dans votre incomparable Père, le grand prédicateur de la vérité; mais surtout, surtout, gardez dans votre âme le feu de l'amour qui consuma son âme! Allez et prêchez comme lui! Comme lui ravivez la lumière d'une foi qui s'éteint chaque jour parmi nous, et entraînez les âmes, portez-les à Dieu sur les ailes de la charité! *Traham eos in vinculis caritatis* (1). Allez, et comme lui, soyez les ministres du bien : *providentes bona!*

Et vous, Mes Frères, ne vous étonnez pas de ces merveilles opérées par la charité de l'homme de Dieu, Vincent de Paul. Vous l'avez déjà compris : ce n'était pas un cœur vulgaire qui battait en lui; ce n'était pas seulement un cœur d'Apôtre, c'était le cœur même de Jésus-Christ. *Cor Christi, cor erat Pauli.* Vincent de Paul, en effet, apparaît aux regards de notre admiration comme l'image vivante et la copie parfaite de Notre-Seigneur Jésus-Christ, non pas seulement dans son cœur, mais dans son histoire et dans sa vie tout entière. C'est la troisième et suprême raison pour laquelle nous pouvons vraiment l'appeler l'homme de Dieu.

3° *Copie de Notre-Seigneur.* Il semble que Dieu se soit complu à frapper Vincent de Paul à la ressemblance de son divin Fils, Notre-Seigneur Jésus-Christ. Ecoutez plutôt et suivez ce parallèle si bien fait pour mettre le comble à la gloire de notre héros.

Jésus-Christ naît pauvre dans l'étable de Bethléem; — Vincent de Paul naît dans une pauvre chaumière au sein d'un obscur hameau.

(1) Os., XI; 4.

La jeunesse du Sauveur s'écoule à Nazareth dans le recueillement et le travail. — Celle de Vincent de Paul, à Acqs d'abord et ensuite à Toulouse, s'écoule dans la prière, le silence et l'étude.

La vie publique du Sauveur commence. Avant de prêcher, il agit ; avant de donner la vérité par sa parole, il donne son cœur par les miracles de sa charité. Grâce à lui, les aveugles voient ; les boiteux marchent ; les sourds entendent ; les morts ressuscitent ; les pauvres sont évangélisés. — Que fait Vincent de Paul ? Comme le divin Maître, il se dévoue. Que de pauvres qui peuvent lui dire : J'étais nu et vous m'avez donné le vêtement ; j'avais faim et vous m'avez nourri ; j'étais en prison et vous m'avez délivré ! Aussi, grâce à son zèle, que d'aveugles rendus à la lumière ! que de boiteux qui marchent ! que de sourds qui entendent ! que de morts spirituels qui reprennent la vie ! que de pauvres évangélisés !

Chez Notre-Seigneur, après l'action, la parole. — Et quand cette parole divine se fait entendre, les foules s'arrêtent ; elles admirent, elles tressaillent d'enthousiasme. « Jamais, non, jamais homme n'avait parlé de la sorte ! » — Vincent de Paul à son tour élève la voix. Et que dit-on de sa parole ? Bossuet écrit au Pape, « qu'en assistant dans sa jeunesse aux instructions de Vincent de Paul, son premier maître, il se sentait tellement ému qu'il croyait entendre parler Dieu lui-même. » Plus tard, un célèbre apologiste s'écriera dans l'admiration : « Je vois un homme qui a reçu du ciel le don de l'élocution et de la sensibilité la plus profonde, éloquent à force d'âme et de vertu, fécond en pensées du cœur et par là-même également sublime et populaire dans ses discours ; il transporte par son éloquence tous ses auditeurs ; il les entraîne dans ce tourbillon de charité qui l'environne, les pénètre de terreur, les fait fondre en larmes, les oppresse de sanglots, leur ôte leur âme pour leur donner la sienne. » Cet homme, c'est Vincent de Paul qui semble dire comme le Fils de Dieu : *Venite ad me omnes qui laboratis et onerati estis et ego reficiam vos* [1].

Le divin Maître, en évangélisant les peuples, prépare ses Apôtres à devenir la lumière du monde et le sel de la terre. — Vincent de Paul, parmi les labeurs d'une charité féconde et incessante, consacre ses efforts et sa vie au grand et divin ministère de la formation des prêtres.

Jésus-Christ a été le modèle de toutes les vertus. — Qui l'a suivi, comme Vincent de Paul, dans la voie de l'humilité, de la douceur, de la patience et de la charité?

Jésus-Christ a eu sa passion. — Vincent de Paul a eu la sienne. Jésus-Christ a été trahi, Vincent de Paul a trouvé des ingrats et des dénonciateurs. Et quand on lui conseille de les abandonner, comme le Sauveur disant à Judas : *Amice, ad quid venisti,* « que dites-vous? répond-il ; c'est pour cela qu'il faut leur faire tout le bien possible. »

Jésus-Christ est traité de séditieux; il tend la joue à ceux qui l'insultent. — Un furieux donne à Vincent de Paul un soufflet au milieu de la foule en criant : « C'est l'auteur de tous nos maux, l'auteur des subsides et des impôts dont le peuple est chargé. » Et Vincent de tendre l'autre joue et de lui dire : « Je ne suis pas, mon ami, l'auteur des subsides; mais je suis un grand pécheur et je demande pardon à Dieu et à vous du sujet que j'ai pu vous donner de me traiter ainsi. » — C'est dans les fers, comme Jésus sous les fouets de la flagellation, que Vincent de Paul a contracté cette maladie dont il souffre pendant quarante-cinq ans, dont il souffre jusqu'à sa mort.

Jésus-Christ expire au milieu des plus cruelles souffrances. — Vincent de Paul mourant répond à l'un de ses prêtres qui

(1) Mat., XI; 28.

s'attendrissait sur ses douleurs : « Il est vrai que depuis la plante des pieds jusqu'au sommet de la tête je les sens augmenter. »

Au pied même de la croix de l'Homme-Dieu, le centurion romain lui rend hommage : *Vere filius Dei erat iste.* — Sur la tombe de Vincent de Paul, au milieu même de ses funérailles, le Prince de Condé proclame que « la France et la Religion viennent de perdre un grand homme qui possédait toutes les vertus. »

Le sépulcre du Sauveur a été glorieux. — Le Grand Roi lui-même demande la canonisation de Vincent de Paul « comme utile à toute l'Eglise et glorieuse à ses Etats. » L'épiscopat français ne réclame pas avec moins d'ardeur que Louis XIV. Et le cardinal de Noailles, interprète de trois assemblées du Clergé de France, déclare au Pape « qu'il n'est plus possible de contenir la piété des fidèles qui décerne à Vincent de Paul un culte public. »

Les Apôtres du Sauveur continuent sa mission, et le bruit de leur voix se répand par toute la terre. — Les Fils et les Filles de Vincent de Paul remplissent le monde. Et d'eux, comme des Apôtres, on peut dire : *In omnem terram exivit sonus eorum* [1].

Et maintenant le parallèle est-il complet? Est-il saisissant? Avait-il raison l'apologiste de Vincent de Paul qui s'écriait : « C'est de l'école de Jésus-Christ qu'est sorti le plus magnifique bienfaiteur de l'humanité ; c'est l'esprit de Jésus-Christ qui a créé toutes ces merveilles? » A-t-il raison le genre humain, quand il dit de Vincent de Paul, comme de son divin Modèle : *Pertransiit benefaciendo et sanando omnes* [2]; il a passé en semant les bienfaits et en guérissant toutes les blessures ?

(1) Ps. XVIII; 5.
(2) Luc X; 38.

O Jésus, ô mon Sauveur, une fois ressuscité d'entre les morts, vous ne mourez plus, vous vivez, vous vivez toujours dans les saints qui sont votre image, comme vous êtes vous-même l'image de votre Père céleste! Vous avez en particulier vécu dans le grand Saint que nous célébrons; voilà pourquoi sa mémoire inspire chaque année cette imposante et solennelle manifestation. Ses ossements semblent défier la mort, dominer son empire et animer cette grande famille qu'il a fondée. Ils la maintiennent dans ses exemples qui sont vos exemples, dans ses vertus qui sont vos vertus, dans la continuation de sa vie qui est votre vie. Voilà pourquoi nous saluons, dans les transports de la reconnaissance, de l'amour et de la vénération, en saint Vincent, l'homme de Dieu. De tels hommes, en effet, ne sont pas de la terre; ils sont comme une apparition du ciel et l'image de la Providence, *providentes bona*. Je me trompe, Mes Frères : ils ne sont pas seulement les hommes de Dieu, ils sont en même temps les hommes de la Société. S'ils glorifient le Très-Haut, ils pacifient la terre et contribuent largement à la prospérité des peuples. *Non tantum coram Deo, sed etiam coram omnibus hominibus.*

Vous venez d'admirer en Vincent de Paul l'homme de Dieu; admirez maintenant l'homme de la Société.

II.

Si Vincent de Paul possède les titres les plus légitimes à la reconnaissance et à l'admiration des chrétiens, il n'a pas moins droit à la reconnaissance et à l'admiration des Français. Au point de vue social, en effet, sa mission n'a été ni moins efficace, ni moins glorieuse qu'au point de vue religieux. Etudions sa vie sous ce nouvel aspect et nos yeux s'ouvriront d'eux-mêmes à la lumière.

Toute société suppose, N. T. C. F., deux éléments essentiels, la tête et les membres, le gouvernement et les sujets. Mais comment ce corps immense pourra-t-il fonctionner sans collision, sans souffrance et sans révolte ? Quelle sagesse ne faut-il pas à la tête pour diriger les membres, pour les conduire dans l'ordre et l'harmonie ? Quelle soumission docile et respectueuse ne faut-il pas aux membres pour recevoir de la tête l'impulsion et le mouvement ? Quelle charité ne faut-il pas enfin à la tête et aux membres pour se supporter, se secourir et s'entr'aimer? Eh bien ! c'est le mérite, disons plus, c'est la gloire de Vincent de Paul d'avoir enseigné 1° à l'autorité l'art de gouverner; 2° à la multitude l'art d'obéir ; 3° à la multitude et à l'autorité l'art de s'entr'aimer. Voilà sa triple mission sociale et son titre immortel à notre reconnaissance.

Il a d'abord enseigné à l'autorité *l'art de gouverner*.

Quel art que celui-là, N. T. C. F. ! De lui aussi ne peut-on pas dire qu'il est l'art des arts? Ne suppose-t-il pas, sans parler de la prudence, les vertus les plus éminentes, la justice, l'honnêteté, la modération dans la fermeté, le désintéressement, le patriotisme dans ce qu'il a de plus noble et de plus élevé?

La justice avant tout. Dieu, suivant la pensée de Bossuet, Dieu qui a formé tous les hommes d'une même terre pour le corps et a mis également dans leurs âmes son image et sa ressemblance, n'a pas établi entre eux tant de distinctions pour faire d'un côté des orgueilleux et de l'autre côté des esclaves et des misérables. Il n'a fait des grands que pour protéger les petits. Il n'a donné de puissance aux souverains que pour exercer la justice et rendre à chacun selon ses mérites.

Eh bien! par une disposition providentielle, Vincent de Paul a été appelé dans le conseil du Roi. A-t-il été l'homme de la justice, ou plutôt n'a-t-il pas été la justice même? Entendez-le conseillant à la Reine-Mère d'accorder les bénéfices ecclésiastiques uniquement à ceux qui possèdent par eux-mêmes les qualités nécessaires et qui remplissent toutes les conditions prescrites par le droit, faisant adopter les résolutions que dicte l'impartiale justice, les rappelant courageusement quand on s'en écarte, s'élevant contre les abus avec une liberté pleine d'énergie non moins que de respect, et protestant sans crainte quand le droit est violé, quand les considérations de personne semblent l'emporter sur l'intérêt général, la faveur prévaloir sur la justice. Voyez-le tenant constamment la balance en main pour observer une rigoureuse et inflexible équité dans la distribution des biens de l'Eglise. — En vain la brigue, la cupidité, l'ambition réclament, menacent, attaquent. Vincent est insensible. — En vain fait-on appel aux prières, aux promesses et aux séductions. Vincent est inexorable. — En vain les plus hautes dames implorent-elles sa protection pour leurs enfants. Vincent garde le silence ou se contente de répondre : « Mes règles et ma conscience ne me permettent pas de vous obéir en cela, c'est pourquoi je vous supplie très-humblement de m'excuser. » — En vain Mazarin, de plus en plus puissant, intervient-il lui-même; en vain invoque-t-il la raison d'Etat. Vincent ne cédera pas : la justice est sa loi suprême. — Voilà l'amour de Vincent pour la justice, amour qui méprise la popularité, qui méprise la faveur des grands, qui méprise les injures, qui méprise la haine, qui méprise la mort elle-même. Comprend-on maintenant la puissante influence qu'exerce un tel exemple à la Cour et les inappréciables résultats qu'il produit dans l'Eglise et la société?

Mais l'art de gouverner n'exige pas seulement la justice, il exige de plus l'honnêteté. « Dieu, dit toujours notre grand Bossuet, demande compte au roi non-seulement du mal qu'il fait, mais de celui qu'il ne guérit pas. »

Ici encore, admirez le zèle de Vincent de Paul. De son temps, comme de nos jours, hélas ! le théâtre s'était fait scandale. La morale y était méprisée; la vertu ne pouvait y paraître sans péril. Vincent dénonce énergiquement le mal; il plaide la cause de l'innocence et de l'honnêteté; grâce à lui, la licence est réprimée, le désordre interdit.

De son temps, comme de nos jours, hélas ! la presse ne connaissait plus le respect pour la foi, le respect pour les mœurs. Vincent dénonce au Conseil ce mépris lamentable; et le Conseil, en même temps qu'il ordonne de saisir les mauvais livres, défend aux libraires de rien publier désormais qui puisse porter atteinte à la Religion et aux mœurs publiques.

Voilà comment Vincent de Paul donnait pour base au gouvernement ces deux grandes et capitales vertus : la justice et l'honnêteté.

Mais, continue l'Aigle de Meaux, le gouvernement doit être doux de sa nature ; le prince ne doit être rude qu'y étant forcé par les crimes; hors de là, bon, affable, indulgent, en sorte qu'on sente à peine qu'il soit le maître. — Douceur, qualité vraiment royale !

C'était la qualité de Vincent de Paul qui, sous le poids de labeurs accablants, se donnait tout à tous avec une sérénité que rien ne savait troubler, qui, tous les jours, à tous les instants, accueillait les riches et les pauvres avec une égale affabilité, qui pouvait, en toute sincérité, faire cette touchante déclaration : « Je n'ai usé que trois fois en ma vie de paroles de rudesse pour reprendre et corriger les autres, croyant avoir quelque raison d'en user de la sorte, et je m'en suis toujours depuis repenti, parce que cela m'a fort mal réussi et qu'au contraire j'ai toujours obtenu par la douceur ce que j'avais désiré. »

Mais pour lui la douceur n'était pas la faiblesse, moins encore la lâcheté. Il faut au Gouvernement terrestre comme à la Providence elle-même la modération jointe à la fermeté.

Vincent l'avait compris; et telle fut la dignité de sa conduite que le président de Lamoignon lui décernait plus tard ce magnifique éloge : « Dans les circonstances difficiles, Vincent parle avec une fermeté digne des Apôtres ; toutes les considérations humaines ne purent l'engager à dissimuler tant soit peu la vérité, et il ne se servit jamais de la confiance des grands que pour leur inspirer les sentiments qu'ils devaient avoir. » Il y a du reste, à cet égard, un témoignage plus haut, un témoignage suprême, celui de Clément XI dans la Bulle de canonisation : « Quand les grands lui recommandaient leurs fils et le sollicitaient par des prières ou des menaces, il dédaigna leurs offres comme il foula aux pieds leurs menaces. Jamais cette âme forte et robuste ne voulut, au détriment de l'héritage du Christ et aux dépens de la croix, se faire des amis puissants et conjurer par peur les maux dont le menaçaient ses ennemis. » Comme cette douce et généreuse attitude devait parler éloquemment à ces hommes qui tenaient en main les rênes du pouvoir et leur inspirer ces deux vertus si nécessaires et pourtant si rares : la modération et la fermeté ! Comme la présence d'un tel homme dans les conseils de l'Etat devait affermir, élever, agrandir et surnaturaliser !

Il est pour le pouvoir une autre tentation, tentation pernicieuse, mais commune s'il en fut, la tentation de l'égoïsme et de l'intérêt. *N'ayez point d'égards aux présents*, dit le Deutéronome, *car les présents aveuglent les yeux des sages et changent les paroles des justes*. Si la lumière de Vincent de Paul brilla toujours d'un tel éclat, si ses paroles furent invariablement justes, n'est-ce point parce qu'il porta le désintéressement à un degré supérieur et vraiment sublime ? On lui offre un jour cent mille livres, en le priant d'appuyer de son crédit une proposition d'ailleurs très-légitime : « Dieu m'en garde ! répond-il. J'aimerais mieux mourir que de dire un mot sur ce sujet. » — « En qualité de secrétaire d'Etat, dit le chancelier Le Tellier, j'ai été à portée d'avoir un grand commerce avec M. Vincent. Il a fait plus de bonnes œuvres en France que personne que j'aie connu ; mais j'ai particulièrement remarqué qu'au conseil de conscience, où il était le principal agent, il ne fut jamais question ni de ses intérêts, ni de ceux de sa congrégation. »

Quel spectacle à la fois édifiant et nouveau que ce prêtre si haut placé dans l'estime de la cour et qui pourtant se rend au Conseil à pied, avec une soutane plus que modeste ! Dans ses dernières années, on lui propose le carrosse, historique aujourd'hui. « J'aime mieux rester toute ma vie à St-Lazare, répond-il, que de me faire traîner, moi, pauvre paysan, dans un carrosse. » Et quand plus tard les infirmités lui font un devoir d'accepter, il l'appelle « sa honte et son ignominie » ; il en fait le carrosse des pauvres bien plus que le sien propre. Est-ce là le désintéressement, l'humilité dans l'élévation ? Est-ce là, pour la cour qu'il fréquente, une prédication vivante lui rappelant que la modestie est pour la grandeur le plus précieux ornement ?

Quelle lumière pour tous ceux qui sont appelés à gouverner ! Quel enseignement pour l'ambition dévorante qui aspirerait aux places, aux dignités, aux honneurs avec une ardeur d'appétit que nul argent ne rassasie, que nulle distinction n'assouvit, qui sollicite sans trève, sans relâche et qui ne sait jamais dire : c'est assez ! « Quelle leçon pour ces vices inconnus, pour ces monstres d'avarice, ces raffinements de volupté, ces délicatesses d'orgueil qui n'ont point de nom ! [1] » Comme Vincent de Paul exprime admirablement par ses actes ce que Bossuet exprime par ces paroles si vraies et si profondes : « Ce n'est pas sans raison que le Fils de Dieu nous instruit à

(1) Bossuet : 4e Dim. de Car. Serm. sur l'ambition.

craindre les grands emplois ; c'est qu'il sait que la puissance est le principe le plus ordinaire de l'égarement ; qu'en l'exerçant sur les autres, on la perd souvent sur soi-même ; enfin qu'elle est semblable à un vin fumeux qui fait sentir sa force au plus sobre ! Celui-là seul est maître de ses volontés qui saura modérer son ambition, qui se croira assez puissant pourvu qu'il puisse régler ses désirs et être assez désabusé des choses humaines pour ne point mesurer sa félicité à l'élévation de sa fortune (1). »

Entre toutes les vertus nécessaires pour commander, il en est une qui doit animer et vivifier toutes les autres, comme la charité vivifie tous nos actes, je veux dire, le patriotisme.

Tout l'amour qu'on a pour soi-même, dit Bossuet, pour sa famille et pour ses amis, se réunit dans l'amour qu'on a pour sa patrie où notre bonheur et celui de nos familles et de nos amis est renfermé. C'est assez dire que l'amour de la patrie doit régner au cœur du vrai citoyen et, à plus forte raison, au cœur de celui qui gouverne ; qu'après l'amour de Dieu, il doit être le plus vif, le plus ardent, le plus généreux de tous les amours ; qu'en un mot il résume, pour ainsi dire, à lui seul, tout l'art de gouverner. Supprimez le patriotisme, et, pour ceux qui conduisent les peuples, la dignité n'est plus qu'un moyen de satisfaire leur ambition personnelle et de se repaître eux-mêmes, pour emprunter le mot de saint Jude : *Semetipsos pascebant* (2).

Le degré de vie dans une nation, a-t-on dit, se mesure au degré du patriotisme ; oui, du patriotisme de ceux qui obéissent, mais aussi du patriotisme de ceux qui commandent. Or, comment se traduit et se prouve le patriotisme ? Plus de

(1) Bossuet : 4e Dim. de Car. Serm. sur l'ambition.
(2) Jud. 12.

joie, répond toujours notre grand Bossuet, quand la patrie est ruinée. Eh bien ! comprenez, si vous le pouvez, la douleur de Vincent de Paul, quand il voit la France, qui lui est si chère, déchirée par les factions, quand il voit la guerre civile y causer de si cruels ravages et couvrir son territoire de sang et de ruines ! C'est alors que, le cœur brisé, comme Matathias, il se demande : Suis-je donc né pour assister à la ruine de mon peuple? — Mais ce n'est pas asssz de pleurer les maux de ses citoyens et de son pays ; il faut, continue Bossuet, exposer sa vie et tout sacrifier pour leur service. Eh bien ! écoutez Vincent de Paul, à la vue de nos provinces ravagées : « Nos frères souffrent, s'écrie-t-il, voilà le moment de mourir, volons à leur secours ! » Voyez ensuite ce qu'il fait. Quel prodigieux élan de générosité il imprime ! Comme sa charité est ingénieuse et féconde pour subvenir à tous les besoins ! Comme elle fait jaillir des ressources proportionnées à la misère ! Il recueille à Saint-Lazare les malheureux émigrés des provinces désolées ; il transforme en vastes magasins les maisons des Dames de Charité pour expédier dans les provinces elles-mêmes les vêtements nécessaires ; il leur envoie ses missionnaires, les mains pleines de secours, le cœur plein de la compassion la plus tendre. Il se multiplie, comme la Providence, pour se trouver, par lui-même ou par les siens, partout où retentit la plainte, afin de la consoler, partout où la faim se fait sentir, afin de la rassasier, partout où la peste sévit, afin de lui arracher ses victimes. Son cœur s'élargit et se dilate à l'égal de la souffrance. Les villes, les campagnes, les plus obscurs hameaux, il embrasse tout ; et l'on peut dire de sa charité : *non est qui se abscondat a calore ejus* [1]. Nul n'est privé de ses bienfaisants rayons. Aussi, de tous côtés, la reconnaissance éclate : prêtres et laïques, administrateurs des

(1) Ps. XVIII, 7.

provinces et des cités, échevins, magistrats et lieutenants, tous n'ont qu'une voix pour proclamer son inépuisable charité. Cette charité, c'est plus que l'amour du sol natal dont se glorifiaient les Romains, *caritas patrii soli;* c'est le patriotisme élevé jusqu'à la passion; c'est l'amour de la patrie agrandi de toutes les délicatesses et de toutes les ardeurs de la fraternité chrétienne.

O Fils, ô Filles de saint Vincent, continuez l'œuvre de votre Père! Vous aussi, vous êtes appelés à exercer votre influence dans les conseils du pays. Le souverain, vous savez quel il est! Il ne réside plus sur le trône : il est dans l'atelier, dans la mansarde, dans les asiles de l'indigence et de la douleur; il croît et grandit dans l'école. Le souverain aujourd'hui, c'est le peuple. Eh bien! levez-vous, et à la suite de votre Père allez trouver ce souverain; prodiguez-lui les conseils de votre fondateur. Comme lui, dites à ce souverain du jour que par la justice une nation s'élève et monte à la gloire; que sans elle, au contraire, elle s'affaisse et se précipite à la décadence. Dites-lui que sans les mœurs les lois sont inutiles; qu'il est des spectacles qu'un souverain doit s'interdire, parce qu'ils sont à la fois et la débauche de l'esprit et la débauche du regard; qu'il est des productions et des feuilles périodiques qu'il doit répudier, parce qu'elles contiennent le plus actif, le plus pernicieux de tous les poisons. Dites-lui que sous toutes les formes de gouvernement la modération est nécessaire; que le despotisme, qu'il vienne d'un peuple ou d'un homme, est un fléau mortel pour les nations; dites-lui que l'égoïsme tue les sociétés, tandis que la charité les fait vivre; faites-lui comprendre enfin les devoirs sacrés qu'impose le patriotisme, les saintes ardeurs, les généreux dévouements, les sublimes héroïsmes qu'il doit inspirer. Fils de Vincent de Paul, quoi qu'en dise l'opinion, votre mission sociale est aujourd'hui plus que jamais désirable et nécessaire ! — Et vous, souverain du jour, instruisez-vous et comprenez à cette incomparable école la justice ; comprenez l'honnêteté; comprenez le désintéressement et l'amour du pays ! Par là vous apprendrez l'art de gouverner. — Mais attendez : à cette école vous apprendrez de même un art plus indispensable encore, vous apprendrez l'art d'obéir.

2° *L'art d'obéir*, qui n'en comprend l'absolue nécessité? Malheur au peuple qui ne connaît pas, qui ne pratique pas cet art ! C'est un peuple voué fatalement à l'anarchie. L'anarchie, c'est-à-dire le plus lamentable de tous les spectacles, une poignée de révoltés entraînant à leur suite la masse inerte et sans énergie, la masse qui a peur et qui tremble ; l'anarchie, c'est-à-dire tous les ferments mauvais, c'est-à-dire le sang et la boue ; l'anarchie, c'est-à-dire enfin ce naufrage dans lequel tout périt : l'ordre, la dignité, l'intelligence, la vertu, l'honneur ! — Avouons-le donc : c'est un art salutaire et précieux que celui d'obéir. Eh bien ! c'est dans cet art aussi qu'excelle saint Vincent et qu'il est vraiment maître.

Voyez d'abord comme il possède l'intelligence de cet art et comme il a soin de consacrer l'obéissance, de l'entourer d'une sainte auréole, celle du plus religieux respect. « Vous obéirez, dit-il, à tous vos supérieurs et à chacun d'eux, les regardant en Notre-Seigneur et Notre-Seigneur en eux. » « A l'exemple des premiers chrétiens, vous rendrez toujours une fidèle et simple obéissance aux magistrats temporels, sans jamais vous plaindre d'eux, ni murmurer pour quelque sujet que ce puisse être. Quand bien même il serait question de perdre nos vies, donnons-les dans cet esprit d'obéissance, plutôt que de contrevenir à leurs volontés, quand la volonté de Dieu ne s'y oppose pas; car ils nous représentent sur la terre la puissance souveraine de Dieu. »

Mais pourquoi donc cette loi si dure parfois de l'obéissance? Pourquoi cette nécessité pour un homme d'obéir à l'homme, son semblable? Ecoutez, N. T. C. F., le grand maître dans l'art d'obéir, Vincent de Paul, et pénétrez-vous sérieusement des motifs qu'il assigne à cette loi : « Afin d'obéir, non pas en esclave qui a peur, non pas en ambitieux qui rampe pour parvenir, mais en enfant de Dieu, vous considérerez habituellement et attentivement : 1° la qualité des supérieurs qui tiennent sur la terre la place de Jésus-Christ à notre égard; — 2° la peine qu'ils ont et la sollicitude qu'ils prennent pour nous conduire (plusieurs du moins), ayant souvent le cœur plein d'angoisses, pendant que nous jouissons à notre aise d'une paix et d'une tranquillité, fruit de leurs soins et de leurs travaux, travaux dont la peine est d'autant plus grande qu'ils ont plus de sujet d'appréhender le compte qu'ils seront obligés d'en rendre à Dieu; — 3° la récompense promise aux âmes vraiment obéissantes; car, outre la grâce que mérite cette vertu, Dieu se plaît à faire la volonté de ceux qui, pour l'amour de lui, soumettent leur volonté à leurs supérieurs; — 4° la punition que doivent appréhender ceux qui ne veulent pas obéir, dont Dieu a fait voir un exemple terrible dans le châtiment que sa justice a exercé sur Coré, Dathan et Abiron pour avoir méprisé Moïse, leur supérieur; — 5° l'exemple de l'obéissance que Jésus-Christ est venu donner aux hommes, ayant mieux aimé mourir que de manquer à obéir. Certes ce serait une dureté de cœur bien grande que de voir un Dieu obéissant jusqu'à la mort pour notre salut, et nous, chétives et misérables créatures, refuser de nous assujettir pour l'amour de lui. »

Quel chrétien pourrait résister à de tels motifs? Comme ils s'imposent avec une puissance invincible à la raison et à la conscience! Voilà les motifs de la loi; en voici les règles tracées par ce maître qui a nom Vincent de Paul. « Il faut obéir : 1° volontairement, faisant ployer notre volonté sous la volonté des supérieurs; 2° simplement pour l'amour de Dieu, sans rechercher et examiner pourquoi les supérieurs ordonnent ou défendent; 3° promptement, sans user d'aucun retard, quand il est question d'exécuter ce qui est commandé; — 4° humblement, sans prétendre ni désirer tirer aucune louange ou estime de l'obéissance qu'on rend; — 5° courageusement, ne s'arrêtant pas pour les difficultés, mais les surmontant avec force et générosité; — 6° gaiement, exécutant ce qui est commandé avec agrément et sans témoigner de répugnance; — 7° avec persévérance, à l'imitation de Jésus-Christ qui s'est rendu obéissant jusqu'à la mort. » — Et n'allez pas croire que Vincent prêche cette obéissance uniquement par ses paroles et ses conseils. Il la prêche encore et surtout par ses exemples, à tel point qu'Anne d'Autriche, frappée de sa fidélité constante, proclamait elle-même que « Vincent était un véritable serviteur de Dieu et de son Prince. »

Voilà comment il pratiquait, comment il prêchait la soumission. Maintenant voulez-vous comprendre à ce point de vue toute l'importance de sa mission sociale? Regardez ces nombreux disciples, ces filles, modèles d'obéissance, qu'il envoie partout, qui se répandent dans tous les rangs de la société, parmi les enfants du peuple, auprès des malades, dans les cités et dans les campagnes; regardez-les, ces légions de l'obéissance, avec leur admirable fidélité à Dieu, à l'Eglise, à leur Règle, et jugez de la profonde et universelle influence qu'exerce leur exemple dans le monde tout entier! — *Modicum fermentum totam massam corrumpit* [1], dit l'Apôtre; un peu de mauvais levain suffit pour corrompre la masse. Que ne fera donc pas ce levain vivifiant, ce sang généreux infusé dans toutes les veines du corps social? Quelle ne sera pas l'énergie de cette action pour combattre la révolte, pour instruire, vivifier, régénérer, sauver par l'obéissance? Ah! pauvre société contemporaine, impatiente de tout joug, si tu savais regarder ces disciples de Vincent de Paul, si tu savais surtout les imiter!

Et ne me dites pas qu'une telle obéissance avilit. Se redressant dans une légitime fierté, chacun de ces disciples vous dirait : Je ne m'incline pas comme vous devant un homme qui est après tout mon semblable. Je m'incline devant Dieu sans lequel il n'y a pas d'autorité!

Ne me dites pas qu'une telle obéissance asservit! « Ce n'est pas, vous répondrait-il avec Bossuet, s'opposer à un fleuve ni à la liberté de son cours que de relever ses rives de peur qu'il ne déborde et perde ses eaux dans la campagne. Au contraire, n'est-ce pas lui donner le moyen de couler plus majestueusement dans son lit et de suivre plus certainement son cours naturel? De même, ce n'est pas arrêter ni perdre la liberté que de la renfermer dans des lois et de lui poser des bornes de çà et de là, pour empêcher qu'elle ne s'égare. Par une telle précaution, on ne la gêne pas, mais on la conduit; on ne la force pas, mais on la dirige. » « Les mondains courent à la servitude par la liberté; nous, au contraire, nous parvenons à la liberté par la dépendance. »

Ne me dites pas que cette obéissance affaiblit ou énerve. Je

(1) Galat. V, 9.

vous demanderais à mon tour : Etait-elle donc lâche, cette sœur Rosalie, dont tout Paris admira les prodiges? — Etaient-elles lâches ces sœurs, ces simples femmes qui, durant nos désastres, affrontaient la mort sur nos champs de bataille avec un courage si viril ou plutôt si chrétien? Etait-elle lâche cette sœur magnanime dont les jambes, sur le champ de bataille, sont broyées par un éclat d'obus : « Venez ici, ma sœur, lui crie-t-on, vous êtes au plus fort du danger. » « Je le voudrais bien, répond-elle, mais comment marcher : je n'ai plus de jambes! » — Etaient-elles lâches ces Filles de Vincent de Paul qui tout récemment, à Constantinople, aux applaudissements de l'Europe entière, volaient au secours des pestiférés, avec le calme de la foi, le dévouement de la charité? Non, non, cette obéissance n'abaisse pas, elle élève ; elle n'affaiblit pas, elle fortifie. Ce n'est pas la lâcheté qui fuit; c'est la vaillance qui regarde en face le danger, le fer, le feu, la peste, qui le combat sans peur, qui monte jusqu'à l'héroïsme et remporte la victoire. *Vir obediens loquetur victorias!* (1)

Voilà les disciples formés à l'école de Vincent, les miracles opérés par ses leçons sur l'obéissance et les services qu'il a rendus à la société. Mais nous l'avons dit, ce n'est pas assez pour la paix et le bonheur de cette société que les chefs sachent gouverner, les sujets obéir ; il faut encore et surtout que chefs et sujets arrivent à *s'entr'aimer*. Qui leur apprendra cette science, la plus précieuse de toutes? Encore et toujours Vincent de Paul.

3° Si César avait osé dire : « Le genre humain est fait pour quelques hommes, » le Sauveur au contraire venait apprendre

(1) Prov. XXI, 28.

au monde que tous les hommes sont de la même famille, qu'ils ont Dieu pour Père, qu'ils ont pour mère, dans l'ordre spirituel l'Eglise, et dans l'ordre temporel la patrie. — Travailler tous de concert à la prospérité, à la grandeur de cette patrie, la défendre jusqu'à la dernière goutte de son sang, voir en elle la sauvegarde de nos intérêts les plus chers, la gardienne de notre sécurité, de notre honneur, de notre vie, le soutien de notre faiblesse et la protectrice de nos droits, regarder la société comme l'Eglise de la terre qui doit nous conduire à la patrie céleste, la chérir comme une mère, aimer tous ses citoyens comme des frères, vivre dans la charité, dans la paix et dans l'union, tel est le plan du Sauveur, exprimé par l'Apôtre : *Caritas fraternitatis maneat in vobis;* que la charité fraternelle demeure en vous! (1)

Pourquoi faut-il que ce plan soit aujourd'hui si méconnu, si bouleversé? Qu'est devenue parmi nous la fraternité? Qui ne voit combien, dans notre société malade, la division est profonde et lamentable? Quels schismes! quelles discordes! Quelles haines! C'est que nous avons oublié les enseignements de l'Homme-Dieu, les enseignements et les exemples des chrétiens de la primitive Eglise.

Voulons-nous apprendre de nouveau la fraternité? Allons à l'école de saint Vincent. Ecoutons ses paroles d'abord : « Quiconque, dit-il, voudrait vivre sans charité serait, à la vue de tant d'humeurs et d'actions discordantes aux siennes, comme un vaisseau sans ancre et sans gouvernail qui voguerait au milieu des rochers, au gré des ondes et des vents qui le pousseraient de tous côtés et le feraient fracasser. » « Pour conserver et garder toujours la charité fraternelle et la sainte union, ayez

(1) Hebr. XIII, 1.

les uns pour les autres un grand respect, pensant que vous êtes également au service d'un même maître. »

Voilà la leçon ; venons maintenant à la pratique. Voyez-vous notre Saint, encore enfant, consacrer au service des pauvres toutes ses petites épargnes ? Le voyez-vous renonçant à sa liberté pour prendre les chaînes d'un esclave ? Le voyez-vous, dans les rues de Paris, tendant la main à toutes les infortunes, secourant toutes les misères, adoucissant toutes les souffrances, pansant avec un fraternel amour toutes les plaies, les plaies du corps et surtout les plaies des âmes et des cœurs ? Le voyez-vous supportant avec une admirable patience les défauts d'autrui, répondant à l'injure par le silence, aux attaques par la douceur, au mépris par l'humilité, à la haine par les bienfaits ? Voilà sa vie. On disait de Notre-Seigneur pleurant sur le tombeau de Lazare : « *Ecce quomodo amabat eum* [1]. De Vincent de Paul pleurant sur toutes les détresses et se consacrant au soulagement de tous ceux qui souffrent, on peut dire également : *Ecce quomodo amabat eum !*

Le divin Maître ayant aimé les siens, les aima jusqu'à la fin. Ainsi en est-il de saint Vincent. Il veut que sa charité se survive à elle-même dans la personne de ses disciples et que ses bienfaits soient perpétués par la noble et forte race dont il est le Père. *Cum semine eorum permanent bona* [2]. Ses filles seront moins des religieuses que les servantes des pauvres. « Les pauvres, leur dit-il, c'est-à-dire les plus délaissés d'entre les hommes, oh ! que ce sont de grands seigneurs dans le ciel ! » Il leur ordonne de regarder les pauvres et les malades, dans les hôpitaux et partout où ils les rencontreront, comme leurs

(1) Joan. XII, 25.
(2) Eccli. XLIV, 11.

« seigneurs et maîtres. » Quelle haute, quelle sublime et chrétienne idée du pauvre ! Quelle puissante leçon de fraternité ! Comme elle fait surgir de magnifiques dévouements !

Voici que la fille de la charité s'en va partout, au-devant de toutes les misères, au-devant des petits et des humbles, des derniers selon le monde et que, s'attachant à leur service, elle les traite, elle les sert comme ses seigneurs et ses maîtres ! Telle est l'estime, disons mieux, telle est la passion que Vincent a su lui inspirer pour les pauvres, qu'un jour l'une d'entre elles, qu'il interrogeait à son lit de mort sur les reproches que sa conscience pouvait lui adresser à ce moment suprême, lui fait cette réponse d'une touchante mais sublime simplicité : « Je me reproche d'avoir pris trop plaisir à servir les pauvres. »

Voici qu'à son exemple la noble dame quitte son hôtel, s'arrache à toutes les séductions de la vie mondaine, et se présentant au pauvre le salue comme son seigneur et son maître !

Voici que non-seulement le disciple de Vincent, le prêtre de la mission, mais que le riche du monde visite la mansarde, s'assied à côté du malheureux et lui dit avec son cœur : Mon seigneur et mon maître ! Voici que la fraternité, sortant du cloître, éclate au milieu des laïques, au sein de cette société de saint Vincent de Paul qu'anime l'esprit dont parle l'Ecriture : *Spiritus unicus, multiplex, suavis, amans bonum, quem nihil vetat, benefaciens* [1]. Esprit unique, c'est la même foi qui l'inspire. — Esprit multiple, il sait varier, à l'égal des besoins, les formes de la charité. — Esprit suave, s'il en fut, il produit

(1) Sap. VII, 22.

l'aménité, la douceur, la bonté. — Esprit aimant, il incline irrésistiblement à soulager toutes les misères. — Esprit que rien n'arrête ; car il est plus fort que l'indifférence, plus fort que le sarcasme et l'insulte, plus fort que le blasphème, plus fort enfin que la haine ombrageuse et défiante. — Esprit fécond en œuvres ; car nulle indigence, nulle infirmité, nulle détresse n'échappent à son action.

Pauvres, qui êtes l'objet de cette sollicitude, sachez vous élever à la hauteur d'un tel bienfait. Saluez avec amour et vénération ces fermes chrétiens qui ont vieilli dans les labeurs de la charité, mais dont la vieillesse conserve intacte la fleur du dévouement et la jeunesse du cœur. Ce sont les meilleurs de vos frères. — Saluez avec reconnaissance les hommes qui, parvenus à la maturité de l'âge, croient ne pouvoir pas faire un meilleur usage de leurs facultés et de leurs loisirs que de les consacrer à vos services. Ce sont les meilleurs de vos frères. -- Saluez, saluez enfin avec admiration ces jeunes gens supérieurs aux plaisirs, aux distractions, à tous les entraînements de leur âge, ces jeunes gens qui triomphent de toutes les séductions pour se donner à vous avec cette vivacité de foi, cette chaleur d'âme, cette simplicité chrétienne qui fait leur honneur et notre consolation. Ce sont les meilleurs de vos frères. — Tous, qui que nous soyons, inclinons-nous devant cette société de saint Vincent de Paul, image vivante de Dieu sur la terre parce qu'elle est charité, comme Dieu lui-même est charité.

Et maintenant, à la vue de ces œuvres sorties du cœur de Vincent de Paul, pouvons-nous à bon droit nous écrier avec l'Eglise : *Hæc est vera fraternitas quæ nunquam potuit violari certamine* [1]; la voilà la fraternité véritable que ne peut vaincre aucune épreuve? Vincent de Paul a-t-il appris aux chefs et à la multitude l'art de s'entr'aimer? Et n'est-il pas vrai que, si ses leçons étaient écoutées, ses exemples reproduits, le monde pourrait chanter, aujourd'hui comme autrefois, le cantique de nos Livres sacrés : *Ecce quam bonum et quam jucundum habitare fratres in unum* [2] ! Qu'il est bon et qu'il est doux à des frères de vivre dans l'union! N'est-il pas vrai que, si nous pouvons dire de saint Vincent de Paul qu'il a passé en faisant le bien au point de vue religieux, nous pouvons le redire en toute vérité au point de vue social? Voilà, N. T. C. F., l'un des plus grands mérites, l'une des gloires les plus précieuses de Vincent de Paul : il a enseigné la fraternité; il a appris à aimer tous les hommes, riches et pauvres, non pas seulement en paroles, mais en œuvres et en réalité, *sed opere et veritate* [3]. Saluons donc en lui, saluons l'homme de nos Saints Livres : *Hic est fratrum amator et populi* [4]. Saluons en lui après l'homme de Dieu, l'homme de la Société! Oui, l'homme de la Société ; car il aime les grands sans les flatter, les petits pour les secourir, les malades pour les soulager, les opprimés pour les défendre. Cherchez donc, cherchez parmi ceux qu'on est convenu d'appeler les hommes du progrès, cherchez et dites si vous en trouvez un seul qui ait réalisé les merveilles de saint Vincent. Cherchez et soyez sincères ; vous reconnaîtrez alors avec nous que Vincent de Paul est vraiment un des plus insignes bienfaiteurs de l'humanité.

(1) Resp. Offic. Mart.
(2) Ps. CXXXII, 1.
(3) I Joan. III, 18.
(4) II Mac. XV, 14.

O Vincent, ô vous que nous pouvons appeler, comme l'Eglise saint Martin, homme admirable, supérieur au travail et à la fatigue, homme que la mort elle-même n'a pu vaincre, *o virum admirabilem, nec labore victum nec morte vincendum*, à cette heure solennelle, écoutez-nous! Vous voyez l'état du monde. Le jour lumineux de la foi chrétienne baisse de plus en plus. Les ténèbres nous envahissent. La nuit se fait, nuit pleine de murmures, de blasphèmes, d'incrédulité, nuit d'orage et de tempête contre le Seigneur, son Christ et son Eglise, nuit pleine d'angoisses, de menaces et de terribles dangers pour la société elle-même. O Vincent, laissez-nous vous crier, comme autrefois les disciples d'Emmaüs au Sauveur : demeurez avec nous ; *mane nobiscum, quoniam advesperascit!* (1)

Demeurez avec nous par votre esprit de charité, par votre esprit de religion, afin que nous aussi, pour notre part, nous puissions venger la Providence attaquée, prêcher et défendre la vérité insultée, continuer et glorifier Jesus-Christ, notre Maître, jusque dans ces jours mauvais. *Mane nobiscum, quoniam advesperascit.*

(1) Luc. XXIV, 29.

O Vincent, demeurez avec nous pour apprendre aux chefs de la société l'art de gouverner, de gouverner dans la justice, dans l'honneur, dans la modération digne et ferme, dans le désintéressement et le dévouement au pays. *Mane nobiscum, quoniam advesperascit.*

Demeurez avec nous pour apprendre aux sujets l'art d'obéir, d'obéir à Dieu dans la personne de ses représentants, d'obéir non pas seulement par devoir, mais avec l'empressement de l'amour, mais à l'exemple de Jesus-Christ, mais pour nous sanctifier et parvenir à nos destinées immortelles. — Demeurez avec nous surtout pour détruire tant de préjugés qui divisent, tant de discordes qui minent, tant de haines qui aigrissent, irritent et peuvent amener des chocs si épouvantables. — Demeurez avec nous pour nous apprendre la science de la paix et du bonheur, l'art de la fraternité, de la charité chrétienne. *Mane nobiscum, quoniam advesperascit.*

Demeurez avec vos disciples si édifiants, si exemplaires, avec vos filles si admirablement dévouées, vos filles, l'honneur de la Religion, le salut de la patrie, la consolation des pauvres, la joie du malade attristé, l'espérance du peuple, l'ange conducteur de la jeunesse. *Mane nobiscum, quoniam advesperascit.* Il y a pour vos enfants, non moins que pour nous, vos admirateurs, dans le contact et la contemplation de vos saintes Reliques, quelque chose qui remue, qui retrempe, qui élève. Comme ce guerrier que l'histoire nous montre aiguisant son épée, pour aiguiser son courage, sur la tombe d'un héroïque ancêtre, vos enfants sentent leur zèle se fortifier à la lumière et à la chaleur de vos exemples vivifiants. O glorieux saint Vincent, nous ne vous demandons pas d'augmenter, mais seulement d'entretenir l'huile de leurs lampes si ardentes et si brillantes.

Demeurez avec ces fidèles, pour les pénétrer de plus en plus de votre esprit, de vos maximes, de vos salutaires exemples. Que toujours, marchant sur vos traces, « ils se déclarent du parti de Dieu et de la charité ; » qu'ils fassent chaque jour resplendir aux yeux du monde votre religion, votre amour du devoir, votre zèle pour la gloire du Très-Haut et le soulagement de vos frères ! Qu'ils soient partout et à toute heure les ministres du bien devant Dieu et devant les hommes ; qu'ils soient vos imitateurs comme vous l'avez été de Notre-Seigneur Jésus-Christ ; et ils ne seront pas seulement des apôtres, ils ne seront pas seulement des saints ; ils seront des sauveurs pour la société ; et de cette race forte et chrétienne l'on pourra dire comme de la race immortelle chantée par nos Livres sacrés : *Hi sunt de semine virorum per quos salus facta est in Israël* (1). Amen.

(1) I Mac. V, 62.

Coutances. — Imprimerie de SALETTES, libraire-éditeur.

www.ingramcontent.com/pod-product-compliance
Lightning Source LLC
LaVergne TN
LVHW021526140926
848035LV00047B/1220